AMERIKANISCH-SCHWÄBISCH

AMERIKANISCH-SCHWÄBISCH

© 1992 Ruoß-Verlag
Alle Rechte vorbehalten
2. Auflage
ISBN 3-924292-14-0
Illustrationen: bewa's, Ulm
Satz: Fotosatz Buschow, Ulm
Druck und Bindung: J. Ebner Ulm

Vorwort

Wer noch zum Mittag- oder Abendessen geht, ist „out“ und falsch programmiert, denn heute geht man zum „Lunch“ oder „Dinner“, denn nur so ist man „in“. Womöglich wissen Sie nicht mal, was ein „Brunch“ ist?

Unsere Sprache ist dabei, total zu verschludern und zu verwässern. Amerika is great!

Die Werbepsychologen haben schon lange erkannt, wie gut der „Amerikanische Traum“ bei uns zu vermarkten ist. So fahren unsere Fernwehkranken nach Afrika zum Foto-Shooting in Zaire, wo sie in einer Super-Lodge untergebracht sind. Andere machen eine Wildlifeboat-safari nach dem Motto: „Be happy, don't worry“. „That's live“, wia mir Schwoba sagat. Oder?

Vielleicht sind Sie gar nicht mehr im Bilde, wo und wann der Punk abgeht? Mei Lieberle, dann sind Sie womöglich einer von der Sorte, die sich dem Fortschritt verweigern oder meint, er könnte mit Schwäbisch überleben?

Dabei ist Deutsch doch „out“. Schauen Sie sich doch nur mal unsere Werbung an. Der Wortimport boomt wie nie zuvor. Wenn Sie eine Jeans kaufen, sollten Sie mindestens wissen, was „Trendcolors“, „Jeans-Dressing“ oder „Fashion-Varianten“ sind. Alles klar?

Nicht klar war es der Gewerkschaft der Bundesbahner, die gegen den Fremdwortfimmel ihrer Arbeitgeber protestierten. So mußte das „Cash-Management“ in Generalkasse und der „After-Sales-Service“ in Fahrgelderstattungsdienst umbenannt werden.

Und man höre und staune, streitbare Konsumentinnen bei Mainz traten zum Kampf gegen das Englisch im Supermarkt an. Sie riefen zum Boykott von Waren auf, bei denen der Kunde nicht versteht, was drin ist. Wo sind wir schließlich?

Ohne Englischkenntnis getraut man sich ja langsam nicht mehr auf die Straße. Vor lauter „stops and go", „drive inns" und „car ports" wird man ja ganz „meschugge".

Am besten wir beantragen gleich einen neuen Stern auf dem „Union Jack".

Doch so weit ist's wohl noch nicht. Ein wenig auf den Busch zu klopfen, muß aber wohl gestattet sein. Denn so schlimm wie zur Zeit unsere Sprache gebeutelt wird, war es nicht mal zu Napoleons Zeiten. Bonjour chéri, hast Du nicht mein portemonnaie auf dem chaiselongue gesehen?

Sie erinnern sich?

Wir werden noch richtig international, so richtig „paletti".

Vielleicht müssen wir uns nächstens italienisch programmieren lassen, in der Gastronomie zeichnet sich der neue Trend schon ab. Aber im Moment fahren wir noch die „Amerika Line" und damit Sie nicht dastehen, wie der Ochs vor dem Berg, ich meine vor Regalen voller Ware mit unverständlicher Aufschrift, haben wir einen Teil der bekanntesten Lehnwörter für Sie aufgeschrieben und in „Schwäbisch" erläutert.

Wir hoffen, niemanden zu nahe oder gar auf den Schlips getreten zu sein, denn der Text wimmelt geradezu von „liebenswürdigen Gemeinheiten". Betrachten Sie es einfach durch die satirische Brille. Nicht so eng, mehr mondial eben. O. K.?

Humor ist gefragt. Wie sagte doch Goethe: „Ich liebe mir den heiteren Mann am meisten unter meinen Gästen. Wer sich nicht selbst zum besten haben kann, der ist gewiß nicht von den Besten."

Und er sagte auch: „Jede Provinz liebt ihren Dialekt; denn er ist doch eigentlich das Element, in dem die Seele Atem schöpft."

Damit Sie viel und gut schöpfen können, war viel zu tun, zu archivieren, lektorieren, diskutieren, illustrieren und zu schreiben. Auf jeden Fall ein Schwäbisch zu finden, das jeder lesen kann. Hierzu meinen herzlichen Dank an Frau Vera Stache, die uns mehr als großzügig unterstützt hat.

Dank auch an Rotraut Fischer sowie Herrn Dieter Imminger, die uns in Sachen Schwäbisch und Amerikanisch ein unentbehrlicher Ratgeber waren.

S. Ruoß

Erschien doch zu der Menschheit Fluch,
Manch närrisch-ernstgemeintes Buch.
Da werd' auch ich, statt tief zu schürfen,
Zum Spaß wohl Unsinn bringen dürfen.

Drum lest und lacht – denn, Gott sei Dank,
Es lacht so leicht sich keiner krank.
Doch freuen sollt mich's, wenn durch Lesen
Und Lachen mancher sollt' genesen!

Eugen Roth

..jeesas Gott..
VOLKS-FESCHT
BIERZELT
PLING
benno's®

Angel-hair – *<einschelhär>*

Engelshaar

Also des muaß mr denne Ami lassa, em „Schowbusiniss" send se oschlagbar. Iberall isch do a bißle meh Pfeffer drenn als bei ons. So hanne en San Diego Schpaghetti „a la Angelhair" gessa. Ned daß do jetzt irgendwo des berühmte Hoar en de Schpaghetti gwä wär, noi, des wared bloß dennere Nudla als bei ons. An onsre Schpätzle kommat se natürlich ned na, abr se warat besser als 'e denkt han. Echt very good.

allround – *<allraund>*

Wenn oiner allraund isch, no isch'r a wiefs Male.

B

beauty – *<bjuti>*

Bjuti hoißt Schöheit, ond a Bjutifarm isch a Haus, wo ma de alte Weiber 's Fell iber d' Ohra ziaht, bis d'Schlattohra am Hals hangat ond ma se als Hexa fliega lau ka.

◇ Diese so markierten Stichwörter treffen auf das jeweils nebenstehende Bild zu.

B

blackout – *<bläckaut>*

An Bläckaut hosch, wenn de oina gschossa kriagsch, daß dei Oberschtible da Goischt aufgibt.

bluff – *<blöff>*

A Blöff isch, wenn de em Ausverkauf fir zeah Mark a Hemad kaufsch, des noch am Wäscha grad no als Sackduach daugt.

◇ **body** – *<baddi>*

Baddi hoißt Ranza, ond wenn de den amol voll kriagt hosch, gosch am beschta ens Bodybuilding, damit de meh Armschmalz kriagsch. Ond a Bodybuildingcenter isch no a Ranzaschenderschual.

d'Hosa raa!!
ZANG

B

boom – *<buum>*

Wenn bei oim dr Doig lauft oder oim sei Zuigs weg got wia de warme Wegga – no buumts.

breakfast – *<bräkfescht>*

Bräkfescht isch's Frühschtück. Also do ben e scho überrascht gwä, was dia Ami sich do so älles en da Maga schauflat. Aber guat isch's gwä, ond viel! Bsonders guat hot mr gfalla, wia se me gfrogt hent, wia e meine Frühschtücksoier möcht. Bei Schpiegeloier auf boide Seita abrota hoißt des „sunny side up" – fend e irgendwia besser wia Ochsaauga, oder?

C

car port – *<car port>*

A car port isch a Freiluftgarasch, dia moischtens do schtoht, wo beim Baua 's Geld ausganga isch.

◇ **cash** – *<käsch>*

Cäsch en d'Däsch. Des isch a Gschäft, wo's Finanzamt net obedengt seine Fenger dren wäscha muaß. Wia beim Benogla, bar auf da Disch, egal ob's Kreuzer send oder Silberleng. Hauptsach, 's Pulver schtemmt.

Hoiße, Hoiße, gottsmillionisch Hoiße!!

Ein jeder boiße in Maier's Hoiße!!

GRILLI SPESCHL

C

champ(ion) – *<tschämp, tschämpion>*

Des send fei ned dia Pilz, wo se en dr Jägersoß fendat. Gmoint isch där, wo de andre so d'Gosch verhaut, daß se moinat, dr Deifl isch a Aichhörnle.

check up – *<tschäk ap>*

Wenn oiner von so 'ma Champ so durch d'Mangel dreht worra isch, daß'r nemma kraddla ka, muaß'r zom Dokter, zom „check up".
Där flickt am no sei Gschtellasch wiedr zamma.

◇ **city** – *<siddi>*

D'Siddi isch do, wo früher dr Marktplatz gwä isch. Heit schtandat do nemme d'Baura mit ihre Büschala, Krautköpf ond Oier, sondern d'Multi, d'Banka ond dia Fascht fuud Schtänd. Des isch do, wo ma fascht satt werd.

Herrgott Marrgott!!
SCHLUCK 2000
bernd's®

C

◇ **cleaner** – *<kliener>*

A Kliener isch a männlicher Putzdeifl. Ond klien isch ja heit bloß oiner, der sich mendeschtens zwoimol am Dag duscht ond schtenkt wia a Pavian nach „Eau de retour" ond „'s After mach zua". Auf schwäbisch isch des ebbr, der sich selber ned schmecka ka.

clever – *<klewer>*

A Klewerle isch bei ons a Schlaule. Dia hockat moischtens en Schtuagert dronta ond versuachat, ons Gscheitla fir domm zom verkaufa. Domm derfsch sei, aber ned blöd, hot dr Amtma Bläderle gsait ond da Mooscht mit Wei vrdennt.

clinch – *<klintsch>*

Wenn de beim Rombuabala oin en da Schwitzkaschta nemmsch, no hoscht en em Klintsch.

...Ohra wia Bah'wärters-däfala
GULG!
HEI-DA-NEI

C

clogs – *<kloggs>*

Des send so Trottoirbeleidiger mit Holzsohla dra. Ond weil se so gsond send, tragat se moischtens d'Gsondheitsaposchtel, Plattfuaßindianer ond Quadratlatschaheilige ond gangat mit ihrem klack, klack, klack de andre drmit auf da Wecker.

◊ **collection** – *<kollektschen>*

Dr „Gröwer Nacktarsch" isch koi neia Kollektschen für Tanga, sondern a edels Weitröpfle von dr Mosl.

De neie Kollektschen wärrat auf Modeschaua von Mannequins vorgführt. Des send moischtens so magre Weibla, dia emmer so auf am Laufschteg romoirat, daß de moinscht, hoffentlich schaffet se's no aufs nächschte Häusle.

come back – *<kam bäck>*

A Kam-Bäck isch, wenn so a Karriereweible ihram Hausmännle a Kendle schenkt, weil där z'blöd drzua isch, ond sich no wieder wia wild ens Gschäft schtirzt, damit ma wieder woiß, wer dr Herr em Haus isch.

..nix fiar
oog.uat!!
ULM

◇ **connection** – *<konnektschen>*

Konnektschen hoißt soviel wia Beziehong, bekannt au onder „Vitamin B".

Wenn de zom Beischpiel a Privataudienz beim Pabscht willsch, also a Schwätzle onder vier Auga macha möchtesch, wär's guat, wenn de da Privatsekretär kenna dätsch, damit där a Wörtle fir de eilega däd.

Oimol soll ja do a Schwob als Butler (sprich „Baddler") des isch a Diener, gschafft han. Ond jeda Morga hot'r de Eminenz, oder wia dia so sagat, mit de folgende Worte wecka müaßa: „Es isch 8 Uhr und die Sonne scheint." Zur Antwort isch am no emmer geba worra: „Ich weiß mein Sohn, der liebe Gott hat es mir schon mitgeteilt." Des isch dem Ma aber mit dr Zeit z'viel worra. Eines Dages hot'r d'Heilikeit oifach schpäter gweckt ond wieder sei Schprüchle aufgsait – ond prompt hot'r wieder de gwohnt Antwort kriagt. Do hot dr Herr aus'm Ländle zu sich gsait: „D'Rache isch mei" ond hot dr Eminenz gantwortet: „Nix isch, zehne hots grad gschla ond soicha duats was ra ka".

count down – *<kaunt daun>*

Dr Kauntdaun bei dr Metzelsupp got los, wenn dr alt Waschzuber hergricht isch, dr Ofa brennt, d'Messer gwetzt send, dr Obschtler auf am Disch schtoht ond „Schweinchen Dick" mit am Metzger „Ohnegnad" auf d'Bühne kommt.

◇ **crash** – *<kräsch>*

Kräsch macht's, wenn zwoi Auto zammaboxad ond's kracht, daß älles he isch.

Berühmt send dia Nebelkräsch bei Ulm. De moischte vergessat do ihr Nebelhorn eizomschalta ond fahrat no aufanandr drauf, wia wenn'ses zahlt kriaga dädat. Des send no Nebelhornochsa!

Nach dem Motto: „Freie Fahrt ond jedem Bürger sein Kräsch, füllat d'Kass ond manchem sei Däsch".

A Kräsch isch au, wenn's bei de Banka da Bach na got. Aber do dra send moischtens d'Computer schuld. A tolla Erfendong. Endlich hemmr oin gfonda, där emmer schuldig isch ond au no sei Gosch hält.

NICHT DIE
ZUM WOHL!
TROLLING

C

◊ **cup** – *<kap>*

Cup hoißt Tass ond a „cup of tea" isch a Tässle Tee. Richtig ausgrschprocha secht ma drzua „Kapp".

A Tässle wär no em Amischwäbisch a „Käpple", net zom Verwechsla mit denne Käppla, wo ma de kloine Kendle aufsetzt. „'S Kap der guten Hoffnung" hot sicher a englischer Forscher entdeckt. Wenn's a Schwob gwä wär, däd's sonscht vielleicht „a Tässle voll guater Hoffnung" hoißa. Schtatt Tee kennt ma au an guata Trollinger ens „Tässla" do, aber no däds ja wieder „Schöpple" hoißa. Mei Liabr, des isch no fei scho a Kugelfuhr mit dem „Ausländischa".

Kapp hoißt aber au a Pokal, wia beim Tenniskapp en Schtuagert. Ob do dia „Mätschwinner" freilich ihren Tee draus trenkad, isch zom bezweifla.

..hm?
2800.-
6800.-
1500.-

D

deal – *<diel>*

A Diel isch, wenn a Politiker vrschpricht: „Keine Steuererhöhung!" ond se nach dr Wahl dann doch erhöht. Fazit: Erschtens hot'r dodurch gwonna ond zwoitens, wenn sen deswega schpäter zom Deifl jagad, kriagt'r trotzdem sei Pension. So lang'se em Denscht send, bei ons secht ma schaffa, lebat se von ihre „Diäta". Des isch des, was emmer kräftig schteigt, em Gegatoil zu denner Diät, wo ehne dr Doktr verschreibt.

◇ **design** – *<desein>*

Desein isch schlicht ond ergreifend geschtalten oder formen. Daß a guats Desein wichtig isch, hent frühr scho d'Roßhändlr gwißt. Wenn se do so a älters Schtuatafräulein an da Ma hent brenga wölla, hot ma denner halt d'Zäh gfeilt, s'Fell neu eigfärbt, drnoch a bißla mit Öl eigrieba, daß es schö glänzt hot ond an Krätta voll Haber gfuatrat, daß se g'juckt isch, wia a Jonga.

„Desein" isch net älles, hot sell Ma gsait, weil dem de sei isch wia a Zwiebel: Je me do d'Schala fallat, je me muaß ma heila.

..Schleich'de, Kerle!!
KLAMOTTA: SELBER GLOTZA!!
MAHLZEIT!!
berndi's®

D

◇ **dog** – *<dog>*

A Dog isch a Hond ond a Dogdoc müaßt ja no a Tierarzt sei.
A „Hotdog" isch gnau übersetzt a hoißer Hond. Des gibt's au an denne Freßschtänd en dr Siddi. Aber Hondlesfloisch, des gibt's bloß en Südchina. Also wenn's do amol nafahrat, lent se ihren Schappiliebling liabr drhoim. Sonscht gots am wia denne, wo em Kellner en Kanton gsait hen, er soll ihram Hondle a Wasser geba. Där hot an flugs en'd Küche brocht ond a Viertelschtond schpäter als echta „Hotdog" wieder serviert.

A digger Hond!!

A Polizeihond hoißt übrigens en China „Fing-Fang Wau". Des send dia mit dem langa Bart dra.

S'gibt jo Wirtschafta, do send dia Schnitzel größer wia Abortdeckel, ond weil dr Schwob nix verkomma läßt, packt'r da Rescht ei. Viele dent do ganz vrschämt rom, packat dia Reschtla en so a bäbbige Serviett ei ond schtopfed's dr Oma en ihr guats Däschle. En Amerika secht ma do oifach „a dogiebag, please", ond no packet's dia sauber en a Schächtale ei. Also, sagat oifach s'nächschte mol: „Fräulein, packat se doch da Rescht fir onser Hondle ei." Ond s'Veschper isch grettet.

I mach's au emmer so!

..bevor's iiberlauft, derf'sch fei ruhig aufheera, weiter neizomdriala ...gell...
DOWN — DOWNER — GANZ DONDA
bernd's®

D

◇ **down** – *<daun>*

Wenn oiner sei Lätsch nahanga läßt oder sei Gsicht verziaht wia sieba Dag Regaweddr, där isch daun.
Rezept: do hilft blos a gscheits Roschtbrätle ond a baar Viertala, damit ma wieder auf'd Füaß kommt.

dressing – *<drässing>*

Do gibt's heit Lokal, do muasch da Salat selber holla, ond wenn de nakommsch, no isch'r ned amol agmacht.

So a Azubi hot Mitleid mit mr ghet ond gfrogt, ob e liabr a fränsch, itali oder an blue tschies drässing möcht. I han no gantwortet: „I möcht bloß a Salatsoß". Do drauf hot där gsait: „Des han e sia doch grad gfrogt". No han e gmerkt, daß e nemme „up to date" ben.

dressman – *<drässmän>*

Drässmän isch's gleiche wia a Mannequin. Aber des Wort isch ja au scho nemme „in". En dr Zwischazeit hoißat dia Drässmän „Model"! Ausgschprocha beinoh wia „Droddel". Auf jeda Fall isch des koiner, där ehne da Drässing über da Salat leert.

..dee's ch d' Zuig's..
BUBB
bernd's®

◇ **drive in** – *<draiw in>*

'S gibt zom Beischpiel „Draiw-in-Kinos" en Amerika, do ka ma em Auto da Film agucka. Des isch a beliebter Treff für Teenager, die do ihr erschta „lovestory" vrlebat.

A Draiw-in-Reschtaurant isch zom Beispiel a Schnellgaschtschtätte. Do ben e kürzlich au zom Veschpra nagfahra. An dr Eifahrt isch a Schranke gwä, ond do hot me a Lautschprecher gfrogt, was e möcht: ob an Hamburger mit Salat, Käs, Ketchup, Zwiebel osw. Ond i ben so verschrogga gwä, daß e emmer jaja gsait han. Am Ausgabeschalter hent se mr dann so a neumodischs Faschtfuudgebilde ens Auto gschoba mit dr Bitt, sofort weiterzomfahra. Onderwegs han'es no vollends auspackt.

Also, gschmeckt hots wia ... I sag's liabr ned. Auf jeda Fall han e des Glomp, nochdem's Ketchup mr iber d'Fenger ond mei Hos gloffa isch, zom Auto nausgschmissa. Seitdem draiw e wieder zu meim Metzger ond hol mr mein warma Leberkäs-Wegga.

...ond dann der: "Goht a Schwoab freiwillig zom Finanz-amt...
HA-HA-HA-
ZACK
TOCK-TOCK

◇ **entertainer** – *<entertäner>*

Entertäner send so Kerle, dia d'Leit zom Lacha brenga sollat. Drbei hopfat se no auf dr Bühne rom, wia so a Bayas und vrziagat's Gsicht, wia Bimbo des Affaweib von dr Wilhelma, wenn's Zahweh hot.

Am beschta send emmer ihre Witz, zom Beischpiel: Wia so a Schwob obends bläschgenderweis hoimkommt, frogt sei Weib, was los isch.

Drauf er: „Grad han e a Mark gschpart."

„Wieso des?" frogt sui.

„Ha, i ben heit ned mit dr Stroßabah gfahra, i benra hentadrei gschpronga."

Drauf sui:
„Des ka au bloß dir bassiera. Wärsch ma Taxi nochgschpronga, no hätsch zeah Mark gschpart."

..em Normalfall mecht'e dui et g'schenkt,..
...aber i' han'se halt..

E

◇ **establishment** – *<estäblischment>*

S'Estäblischment send bei ons de Rächte. Des send dia, wo so hälenga reich send, pünktlich ihr Kehrwoch machat, emmer aschtändig azoga send, älle drei Wocha zom Frisör gangat, mendeschtens oimal am Dag duschat ond zwoi- bis dreimol Zäh butzat, oimal em Monat ens Theater gangat, älle 14 Dag beim Kegla send ond jeda Woch pünktlich zom Schtammtisch erscheinat. Ond s'Wichtigschte: Se schaffad ond schaffad, bis an dr Arsch zuschnappt. No sait ma bei ons: „Des send Rächte gwäh!"

F

fan – *<fähn>*

D'Fähns send dia Oberschreier, dia bei jedam Hefawetz (Fußball) ihr Maul soweit aufreißat, daß se's manchmal au vollkriagat.

fast food – *<fascht fuud>*

Fascht fuud wird fascht so gschprocha wia farscht fuhrt. Wenn de freilich fascht fuud gessa hosch, also Hamburger, Brotwürscht, Pommes ond so Zuig, färsch besser net fuhrt. Do hoksch am beschta glei auf's Häusle. Denn dia Schnellveschper gangat gnau so schnell wieder naus wia se nei send, ond Honger hot ma au glei wieder. Des hoißt ma bei ons: „da Maga gfoppat".

F

fight – *<fait>*

A Fait isch a Schtreit, ond a Faiter isch a rechter Schtreithammel. Manche dent's au fir's Geld, so wia dia Boxer ond Kätscher. So oim got ma am beschta aus am Wäg. Do hoißt's no laufa, was s'Zeigs hält, bis dr d'Socka rauchat. Sonscht landescht no em Schpital, ond do isch'au bloß o. k., wenn de gnuag Pulver hosch, damit de d' „firscht class" zahla kasch.

Du you anderständ me?

◊ **fit** – *<fitt>*

Wenn de fitt sei willsch, muasch om Sechse en dr Friah aufschtanda, de en dein Dschoggingazug schmeißa, des send so ombaude Schlofazig, ond ab goht's a Schdond auf d'Gass. Ond so richtig fitt isch oiner oder oina no erscht, wenn'se so richtig soichnaß wieder hoimkommt. No goht's ab ondr Dusche ond nei ens Bürohäs. Nauf auf's Fahrrad, ond ab goht d'Poscht. Zom Frühschtück gibt's an Apfel, middags an Salat ond obends a Glas Milch mit Alauf. Des send halt Kerle.

Fitt wie a Turnschuah ond ned so he wie onser oiner.

Also merk'dr: Schaffa isch „out", fitt isch „inn".

flop – *<flopp>*

A Flopp kennt zom Beischpiel des Büachle werra, weil'e s'falsche Thema gwählt han, ond koiner kauft's.

Denn dui Omschtellong vom Französisch-Schwäbisch ens Ami-Schwäbisch isch no net ganz z'End ond des trotz de Computer. So sagat emmer no oinige zua sorry „pardon", statt flat liabr „Maisonette" ond hent statt pancake liabr „Crêpe".

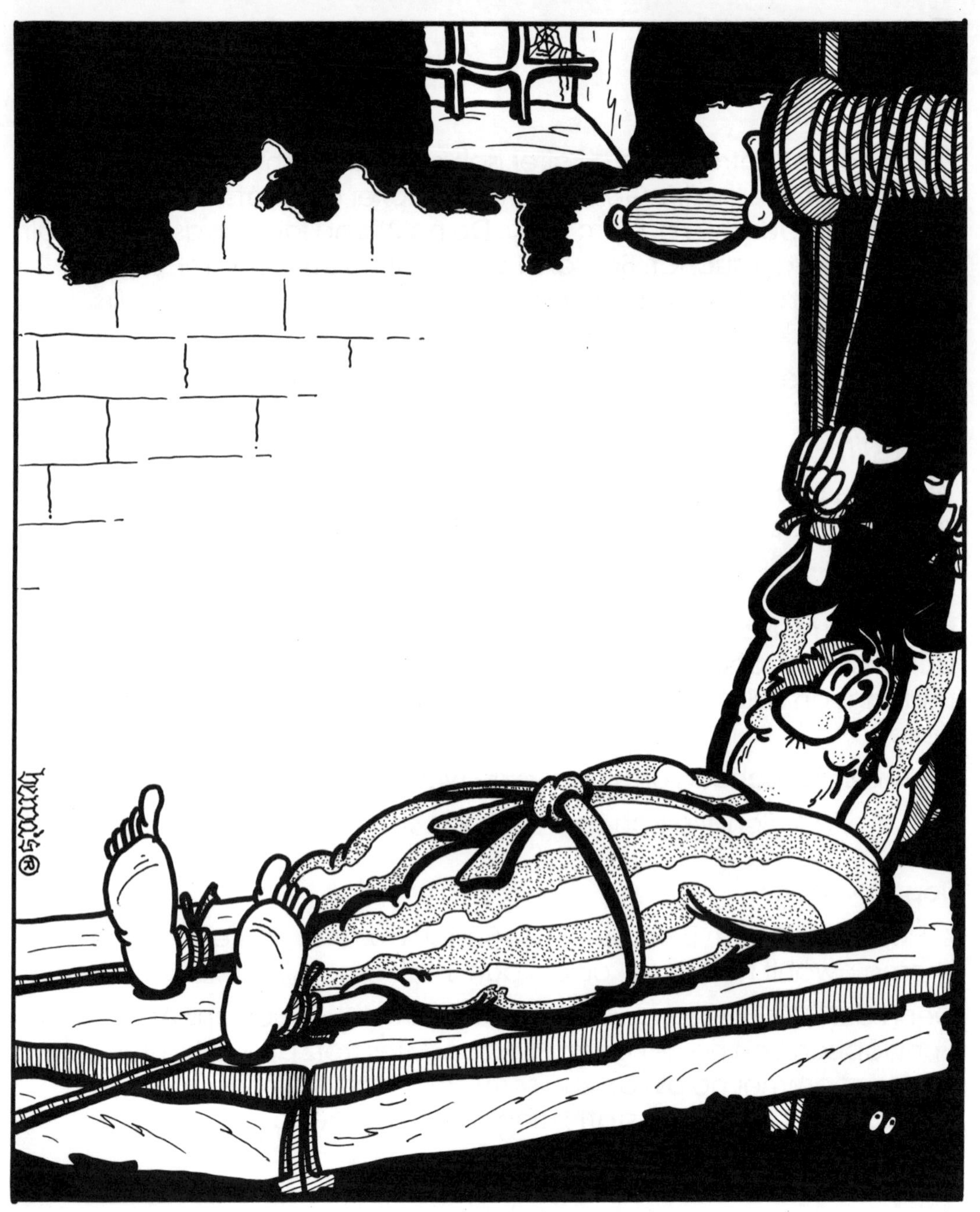

forechecking – *<for tschäcking>*

Fortschäcking isch a Erfendong vom Fuaßball. Drbei wird dr gegnerische Agriff scho vor dr Mittellinie gschtört. Buale do wird vielleicht gholzt, daß d'Fetza fliagat. Rugby isch a Scheißdreck drgega.Koi Wonder hot heit jeda Mannschaft fascht über zwanzg Leit, wenn au bloß elf schpiela derfad. Denna däd e helfa. Bei mir derfdad dia bloß no en Socka romhopfa. Des gäb no an Socka-Wetz ohne Verletzte. Aber i merk scho, daß e do a bißle falsch glagert ben. " "Denn a Schpiel ohne Bluat isch fir 'd Kass ned guat".Also, wenn'r moinad, no schlagat eich halt da Riabl voll bis dr Zenka seitwärts schtoht.Endspiel: A.C. Kloppenburg gegen A.C. Holzhausen.

◇ **forever young** – *<forewer jang>*

Allzeit jung – Heit gibt's jo fir älles a Middale. Ond wen seine Ronzla schtörat, got oifach zom „face-lifting".

Do hoißt's aber aufpassa. Ed daß plötzlich d'Augabraua auf dr Glatze hangat ond d'Bruschtwarza als Sommerschprossa 's Gesicht verschönrat.

Stellat eich amol vor, d'Brill hangat auf dr Glatze, dr BH em Gsicht ond dr „Schnidlwutz" am Bauchnabel.

..du mi'au
DEMO
"JEDER GEGA JEDAN"
HILFE!
SUCHE BUDE!!
ICH AUCH!!
HAB'EINE, GEB'SE ABER NICHT HER.
APO
FIAR AN LEBERKÄS' DÄD'E ÄLLAS!

F

◊ **freak** – *<friek>*

Spinner, Ausgeflippter, Exzentriker.

Des send dia, wo grad machat, was se wöllat.

Manche moinat au, des seiat dia, wo's em Oberschtüble ned ganz richtig tickt, wo also a Schparra los isch oder dia oin zviel hent, halt a bißle gschukt send.

Des isch ma heit jo glei. Derfsch jo bloß saga, se sollat em Radio ned so viel Amimusik brenga, no wirsch jo scho schepps aguckt. Wenn de dann zom Beischpiel ned woisch, daß „Dallas" abgsetzt isch, wirsch von soma Texasfreak glatt als „Grufti" tituliert.

frust – *<fruscht>*

Wenn oiner von dem befalla isch, hot'r null Bock. Er isch dann moischtens enttäuscht, gekränkt, beleidigt oder oifach sauer.

Wenn oiner zwanzg Johr bloß Spätzla kriagt hot, was däd där sich fraia, wenn'r dann amol Knöpfla kriaga däd.

gang – *<gäng>*

Net zom verwechsla mit „i gang". A Gäng isch em Amerikanischa nämlich a Bande. Moischtens von Dagdieb, Romtreiber oder andre Bandita. Em Schwäbischa däd des no hoißa: „I gang zu meiner Gäng". Des isch Amischwäbisch en letschter Vollendong.

Schiergar!!
bernd's ®

greenhorn – *<grienhorn>*

Dia send moischtens no recht naß henter de Ohra.

So wird a Grienhorn vor dr Wahl bekanntgeba, daß d'Schteura naufgsetzt werra müassat. A Profi schwätzt drgega von Abgaba, ond gwennt sei Wahl. Dr Mischter Bush hot sogar gsait, wenn'r Präsident sei, gäb's „no tax" also koine Schteuererhöhunga. Aber wer hot scho mit dem Kriag grechnet? Des sieht doch jeder ei, daß ma do meh Schteura braucht, gell?

H

◇ **handicap** – *<händikäp>*

A Händikäp isch, wenn so a baar Männer bei'ra luschdiga Moschtronde beinander hockat ond oi Krüagle nach 'am andra s'Gürgale nakippad, ond oiner fend nemme rechtzeitig auf's Klo.

Hier paßt dr folgende Schpruch:

> „Femf Männer tranken Moscht em Keller,
> da mußte einer auf's Klo –
> doch der Moscht war schneller."

Mei Liaberle, des gibt no beim Radfahra a echts Händikäp. Om dem Hendernis auszomweicha duasch am beschta – ond des aus zwoierloi Grend – 's Fahrrad schiaba.

Prooscht!

WAOO!

◇ **happy birthday** – *<häppi börsdei>*

Des Liad „Häppi Börsdei" muaß ma heit oifach kenna. Wer will sich scho dui Blöße gäba ond des en deutsch senga?

Früher hot's so ghoißa:

Zum Geburtstag viel Glück,
zum Geburtstag viel Glück,
zum Geburtstag liebe(r)...,
zum Geburtstag viel Glück!

Wia ma bei ons dr deutscha Schproch no mächtig gwä isch, hot ma's so gsonga. Aber wer will sich scho blamiera, gell?

happy hour – *<häppi auer>*

Häppi Auer hoißt übersetzt Glücksstunde. Des isch so a Erfendong von de Gaschtronoma, dia dui Zeit zwischa fenfe ond sechse a bißle hent aufmöbla wölla. Nadirlich kommt's, wo soll's au herkomma, von Amerika. En denner Zeit ka ma do zom ragsetzta Preis sei Leber maltretiera.

fang's Balle, komm!!
DONG
WOFFF
AUTO DINGS BUMS
BUBB

H

hardliner – *<hardleiner>*

A Hardleiner isch oiner, der da harta Kurs guat hoißt. Also so a richtiger Scharfmacher. Nach am Motto: „Je meh Bomba, omso besser!" So hot's au em Golfkriag g'hoißa.

Also nix wia nei end Wüschte, was s'Zeigs hält. Schließlich hent mr jetzt soviel Militärglomp von dr frühra DDR romfahra, daß grad schad wär, wenn's verroschta däd. So könnat mr onsre Freund onterschtützа ond – saget's ned weiter – des Zuig billigscht „entsorga".

◇ **hattrick** – *<hättrick>*

A Hättrick isch zom Beischpiel, wenn a Fuaßballer en oiner Halbzeit drei Tor hentranander gschossa hot.

Bekannt isch jo au des „tapfre Schneiderlein". Des hot mit seim Muggabätscher oin Hät Trick noch am andra glandad. Oimal hot'r sogar sieba auf oin Schtroich hegmacht. Also a Tierfreund isch des gwiß koiner gwä, eher so a Hardliner, der glaubt, je meh he send, je besser isch's. Ond do behauptet doch glatt oine, mir seiat d'Krone dr Schöpfong. Wenn's ned zom Heula wär, däd e grad lacha.

..i' mag nemme!
JONNIE TALKER

H

hearing – *<hiering>*

A Hiering isch a Anhörong von Fachleit, wia zom Beischpiel Politiker zom Thema: „Sottat mr jetzt da Müll sortiera, lagra oder verbrenna?". Do drüber gibt's – ond hot's – scho viele „Hierings" gäba. Oine send dr Moinong, es sei am beschta, da Müll zom verbrenna. Des send so richtige „Roßtäuscher", oder besser gsait „Müllzaubrer". Dia verzaubret da Müll oifach en Luft noch am Motto: „Die Luft, der unsichtbare Müllplatz".

high life – *<hai laif>*

Hai laif isch so, wia wenn ma bei ons „d'Sau nausläßt". Beim Fasching isch des jo so Gang ond Gäbe. Do bendat sich so Frohnatura, dia sonscht zom Lacha en da Keller gangat, a Käppla auf da Grend, trenkat a baar Bier ond send drnoch jessasmäßig luschtig, daß es 's ganz Johr iber langt.

◇ **highlight** – *<hailait>*

Hailait – Höhepunkt, Glanzlicht, oifach super. Wia e des 's erschtemol ghört han, hot des sich so aghört:

„Also geschtern obend dui Sendong em Erschta, des isch a rechts Hailait gwä".

Drauf han i gsait: „Do isch doch a Western gloffa."

Antwort: „Ja, des isch doch a Hailait gwä."

I no wieder: „Noi, des isch dr Ritt noch Weschta gwä mit am John Wayne."

Antwort: „Den moin e jo."

I muaß vielleicht a Gesicht nagmacht han. Auf jeda Fall ben e wieder dr Depp vom Dienst gwä ond do ben e jo oschlagbar – äba a rechts Hailait.

...ond Du. gohsch fei' jetzt endlich zom Schaffa!!
MORGEN-STUND: GESCHMACK IM MUND!
PANG!

◇ **high tech** – *<hai täk>*

Also hai war e au scho.

An meim 40. Geburtstag war e glei so hai, daß e an richtiga „black out" ghet han.

Aber Hai Täk isch natirlich ebbas anders. Schtellat se sich amol a Melkmaschee vor, dia gleichzeitig melkt, buttrat ond Käs macht.

Des wär no „Hai Täk".

Oder an Schtaubsauger, der saugt, Rasa mäht, Gselz kocht, d'Wesch wäscht ond s'Fidla butzt. Des wär dann Hai Täck vom Feinschta.

hit – *<hit>*

Hit hoißt übersetzt au bei ons Hit. Des send moischtens Musikschlager, dia auf dr Hitlischte ganz oba schtandat, zom Beischpiel „Baba la luna" oder „Dsching, dsching, dsching, dsching, dsching...". Der deutsche Schlager auf am Vormarsch! Ond oins isch klar: ohne Englisch got gar nix.

So au beim schwäbischa Song: „Gsälzbrot, Gsälzbrot, ewri boddy laiks Gsälzbrot." Em Hentergrond lauft drzua: „Tackede Tak, Tackede Tak" bis daß dr Schtrom ausfällt.

Aber was a Bräschtlengssälz isch, wissat'r ed, oder?

..sauberle, Herr Auberle!
..sumsel...ubbs... säusel...

H

◇ **home** – *<houm>*

Mei Houm isch mei Caschtl, saget Engländer.

„Mein Haus ist meine Burg" hoißt des übersetzt. Do mir aber bloß Häusla hent, müaßt des jo „Houmle" hoißa. Also wenn scho, dann scho richtig amischwäbisch.

So a rechter Bäschtler hoißt heit jo au „Houmworker". Des send dia, wo neba ihram Moschtkeller ällaweil ebbas ausdiftlat. Erscht neulich soll do oiner an Radio erfonda han, der jetzt mit Moscht atrieba wird.

„Wär's glaubt, wird sälig ond wer schtirbt, wird schterrig," hot sell Pfarrer gsait.

honeymoon – *<hannimuun>*

Hannimuun isch's gleiche wia bei ons d'Flitterwocha. Des isch dui Zeit, wo dia boys ihre girls no zom Fressa gern hent. Ond schpäter duads an no loid, daß se's ned do hent. Oine schwäbat do au em siebta Hemmel ond send schpäter ganz baff, wenn'se aus älle Wolka fallat.

I

image – *<imitsch>*

S'Imitsch isch dr Ruf, ond om den a bißle aufzombäbbla, überroichat manche von onsre Zeitgenossa öfters an Scheck für wohltätige Zweck. Onsre kloine Rockefeller wissat halt, was sich ghört. Dr Dank des Vaterlandes wird ihnen gewiß sein.

Dees isch's, Erna !!!
BRIMÖR
KRAM BAM BULI
HOTEL GRAF NIMMERSATT
RESER4T: FÜR 8-3 PERSON

I

◇ **in** – *<inn>*

„Inn" isch ma heit, wenn ma meh amideutsch schwätzt als schwäbisch. „I like you very matschig" hot sell Bua zu seim „Girlfriend" gsait, wia sui eahm s'erschtmol erlaubt hot, sei Hand auf's Knia zom lega. Ond „inn" will heit jeder sei. So schpeisat dia „Schniggi-Miggileitla" grondsätzlich beim Italiener, ond zwar bei dem, der am deierschta isch. Wenn dia siehsch, wia dia reikommat, moinscht grad, se kemat von ra Leich. Älle hent so käsweiße, traurige Gsichter ond schwarze Klamotta a, daß de moinsch, d'Pescht von Ungarn sei grad mit 'am „Intercity" akomma.Gessa wird no, Escalopo vom Kalb, recht mager vom Popo ond bloß ned dick, des isch ned schick, liabr recht dünn, denn no isch ma „inn".

Drzua a Gläsle „Aqua minerale", an saura Schprudel dädat mir saga.

Damit mr där emmer besser gschmeckt hot, hot mi mei Großmuddr mit dem Spruch glockt: „Trink Wasser wie das liebe Vieh und denk, es ist Krambambuli." Ond was hent mir Wasser dronka! Do kama seah, wia „inn" mir scho friher gwä send.

HEIDANEI,
heit' bressiert's
aber mol wieder!

I

insider – *<insaider>*

Insaider, also Eingeweihte, essat Eigwaid nemme so oft wia friher, seit ma woiß, was älles für a Dreck en de saure Nierla dren isch. Ben i froh, jetzt send'se wenigschtens ned jedesmol aus, wenn e zom Essa gang. Insaider send oft au rechte Besserwisser. So hot doch oiner gmoint, i sott Aktien kaufa. Pfeifadeckel! No isch dr Kriag komma, ond där Wüschtaschturm hot älles end da Sand gsetzt. Des send no Sandkaschtaschpiele bsondrer Art.

J

◇ **jogging** – *<dschogging>*

Dschogging hoißt Dauerlauf.

Des hot ma jo scho vor a baar dausend Johr kennt. Bei de alte Inka hot's ja no koi Poscht ond Telefo, geschweige Gäul geba. Dia hent do so schtaatlich agschtellte Dschogger ghet. Dia send stondalang von oiner Schtadt zur andra gschpronga ond hent's Neueschte vom Dag gmeldat, fascht wia a galoppierende Schwätzbäs vom Dienscht.

joke – *<dschouk>*

A Dschouk isch a Witz.

'S Gebet „Unser täglich Brot gib uns heute" etc. kennat dr jo, oder?

Do isch so a Werbeonkel zom Pabscht gfahra ond hot en gfrogt, ob ma noch dem Brot net no a Getränk eibaua kennt. Dr Pabscht hot des freilich mit Bedaura abgschlaga mit dr Bemerkong, dr Vertrag mit dr Bäckerzonft sei no net abgloffa.

..noh zwoi, dann send's erscht zwelf..
AUFWÄRTS MIT UNS!!
Hoiii

K

◇ **keeper** – *<kieper>*

Des isch a Barmann.

Wissat dr, was a „life show" isch? A Fußballwetz zom Beischpiel. Do schtoht oiner em Tor ond scheißt de andre emmer a, wenn's wieder gschäppert hot. Des isch dr „Torkieper".

A oifacher Kieper isch a Barmann.

Des isch no wieder a Kauderwelsch, ha?!

kill – *<kill>*

Kill hoißt morden. A Killer isch demnoch a Mörder. Bei overkill moinat dia sicher Raketa, dia de glei a baarmol ombrenga kennat.

Wenn mir „kille, kille" machat, no lachad de kloine Kender.

Grad schö isch's.

know how – *<nau hau>*

Nau hau hoißt soviel wia gewußt wie oder oifach: Fachwissa. Ond do hent mr jo gnuag drvo. Bsonders em Rüschtongsektor send mr richtige Käppsala. D'Araber hent ned gnuag kriaga kenne von dem Glomp. „Nau Hau" isch aber au, wenn dr zom Beischpiel onderwegs dr Keilreahme reißt ond de oifach von deim „Girlfriend" da lenka Nylonschtrompf ausleisch ond den rombendascht, damit s'Kärrale wieder lauft.

...zwoi Mol am Daag roicht, ond dr Ranza isch weg.!!!
uiii
UBBS
ZWIRBEL
KNUBBEL

L

layout – *<lei-aut>*

Lei-aut: Entwurf, grafische Aufmachung. Dieser Entwerfer hoißt heit „Grafiker". Also, i schenier mi emmer bei dem Wort. Ma kennt an doch au „Grafischer" hoißa. I fend des wär aschtändiger oder? Ma schreibt jo au ned: Fotograf sucht Grafikerin für „woiß i ned älles". Also des got jetzt wirklich z'weit. Pfui Deifel aber au.

Wenn se en 'ra Azoig lesat: Grafik-Designer für Layout gesucht, so isch des nix anders als a Zoichner mit Fantasie, wo ebbes entwerfa soll.

Warom emmer so gschwolla?

leasing – *<liesing>*

Liesing, des hot fei mit lesa, wia „i lies ebbes", nix zom do.

Heit bompt ma koi Geld meh – wia sich des scho a'hört – denn ma glaubt, wer bompt isch a Lomp. Sondern ma „liest" heit, zom Beischpiel sei Auto. Em Prinzip isch des s'gleiche, aber's klengt ebba doch a bißle vornehmer.

◇ **liften** – *<liften>*

Heben (zum Beispiel von schlaffer Haut).

A Lift isch eahne jo bekannt. Des isch so a Gerät, wo dia Schifahrer da Berg naufziaht.

Wenn jetzt also so a Haufa voll schlaffer Haut da Berg na'grutscht isch, bekannt send jo dia Spezie dr „Arschnahänger", no wird dui Haut wieder naufzoga ond frisch nagnäht. Des hoißt mr „liften".

A bekannter Jongbronna isch bei ons zom Beischpiel d'Altweiber-mühle von Tripsdrill. Do hot ma friher dia nagschickt, wo oms Veregga hent ned alt werra wölla.

L KEILER
AUCH ER LIEF MEILENWEIT!!
Hot mir oiner mol Fuier?

L

◊ **light** – *<lait>*

Lait hoißt leicht. Jetzt gibt's jo des light Bier.

Do kasch saufa bis drs zua de Ohra nauslauft, ond wirsch doch ned bsoffa. Aber au „light Cigaretts" hämer. Do kasch qualma wia a Aff – ond bleibsch süchtig.

Manche laufat fir so a Glomp meilaweit, daß des saure Löngle wieder besser pfeift. Andre Schtubverschtenker sprengat „go West" ond sengat drzua den alta Westlersong „Siehsch du dia Gräber dort em Tale, lauter Raucher, Male, Male..."

limit – *<limit>*

Das äußerste Limit isch no a dopplt gmopplts Amischwäbisch. I sag eich, wia mir mit onsrer Schproch omgangat, des däd ama Ami ned em Schlof eifalla.

Manche überschreitat au ihr Limit. Wia där Keglbruader, där zviel glada ghet hot. Där hot nämlich gmoint, är könnt ogseah en sei Bett schleicha. Doch sei Lina hot natirlich ihran nasaweisa Grend rausschtrecka müaßa. Ihr Eugen isch drbei so verschrocka, daß'r ihr oina klebt hot. Sui drauf: „I han doch garnix gsait." Är: „Aber wölla hosch." Ja, so isch no au wiedr. S'got halt nix iber an guata Schlof.

..liaber schlecht g'fahra wia guat g'loffa!
DINING ROOM I
ÖHA

L

◇ **liner** – *<leiner>* 1. Teil

Linienschiff. A Luxusleiner isch no so a Tourischtaschiff mit ällem Komfort ond Komnoch. I han mr do da Luxus gleischtet ond de erschte drei Dag krank gfeirat. Mensch isch mir schlecht gwä.

Zom Oktoberfescht auf See han e aber ned widerschtanda könna. So a Potschamber voll „Löwenbräu" hot me wieder auf d'Füaß brocht. Dia Kellner hent drbei en Lederhosa bedient, und dia old ladies hent denne nice boys „Dollar" en's Hosalädle gschoba. Denn dann kam Schtimmong auf, eba a echta „big party". „Thät's leif" wia mir Schwoba sagat.

Dui Schtimmong hot gega schpäter auf Windschtärke 10 omgschlaga. Do isch dann großer Schtualgang agsagt gwä. Hot där Kahn gschaukelt! Oimal hosch em Bett an Handschtand gmacht ond no bisch wieder dren gschtanda.

Des han e ned lang ausghalta. Wia e en da Schpeisesaal zriggkomma ben, send doch zwoi Kellner, dia koine Gäscht ghet hent, auf ma Beistelldischla Schlitta gfahra. Welle nauf – da Saal nonter – Welle na – wieder zrigg. Net lang, no war i mit von dr Partie. I sag eich, sowas han i no nia verlebt. D'Petersburger Schlittafahrt isch an Scheißdreck drgega. Des isch solang guat ganga, bis a bsonders hoha Well ons so an d'Wand nagschmissa hot, daß dr Disch zammakracht isch. No hemmr gnuag khet.

WOGGEDI...
WOG..
EMMER MONDER
NAUF OND NONDER!!
GUAT WARM 601S.

◇ **liner** – *<leiner>* 2. Teil

Aber des isch no ned älles gwä. D'Neugier hot me en d'Küche nei trieba. Do isch's zuaganga wia em Kriag. D'Kaffekanna send aus de Halteronga gfloga ond dr Kaffeekoch isch romgjuckt wia a Basketballschpieler em Endschpiel, om se aufzomfanga. Des tollschte aber war dia Tellerparade. Durch des Schüttla vom Schiff send dia Teller aus ihre Halteronge grutscht ond em Krebsgang quer durch d'Küche marschiert, bis se an dr Wand zerschellt send. Aber dui Gschicht gäb jo alloi a Buach voll.

Drom gots jetzt weiter mit där Rais.

lover – *<lawer>*

Geliebter, Liebhaber.

Dr gröscht Lawer aller Zeita, auf jeda Fall dr bekannteschte, isch wohl dr „Casanova" gwä. Där hot dia Mädle bloß agucka braucha, scho send se verschmachtet. Ond onseroiner ka sich d'Sohla ablaufa bis er zom Zug kommt. Des isch no a Gerechtigkeit en dera Welt!

A Lawer müaßt ma halt sei. Sicher au heit no a Beruf mit Zukonft.

...schee' kromm isch au' grad, irgendwia...
SCHMATZ
ULG

M

marketing – *<marketing>*

Maßnahmen zur Verkaufsförderung.

Ma ka ja schlecht saga, daß sich's do om Käufermanipulation handlat.

Manchmol ka ma des Amideutsch direkt fir ebbes braucha. Do werrat zom Beischpiel so alte Ladahüater oifach neu verpackt ond als Sonderagebot verscherbelt.

Ond mancher moint, er häb jetzt womöglich no an guata Fang gmacht.

◇ **match** – *<mätsch>*

Spiel – Ned selta schpielt sich so a Mätsch au em Matsch ab. Bsonders en dr Regazeit kentscht manchmol moina, do wird Reklame fir's Moorbada gmacht, statt fir da Fuaßball. Ned omsonscht hoißt där wo gwennt, au „matschwinner". Dr Siegball hoißt deswega au „matschball": Merkat se, wia mir langsam vermatscht werrad?

midlife crisis – *<midlaifkreisis>*

Des war a Zeitlang arg en Mode. Bsonders dia Psychologa hent guat dra verdeant, an „der Krise in der Mitte des Lebens". Des isch ibrigens dann, wenn dia Weibla verblüahat ond dia Männla verduftet!

Dia „crisis" – näbabei gsait – soll international sei.

..HARE-HARE... ..O.K.. ZUM FRISEER ?:?!
TUTZI
TUTZI
SÄUSEL

N

◇ **new age** – *<nju eidsch>*

Neue Zeit.

Bekannt worra isch där Ausdruck jo erscht durch dia Guru, welche dia Nju-Eidschbewegung ens Läba grufa hent. Ond daß ma glei sieht, wer do jetzt erleuchtet worra isch, hent se sich au andersch azoga. So wia de oine ihre Blue-jeans aziehat, ziehat dia ihr seidene Halsdüchla a. Viele tragat au so indische luftige Bomphosa. Halt amol wieder viel Luft om nix!

newcomer – *<nukammer>*

Neuling.

Des send oft so Kerle, dia älles besser wissat ond könnat, große Auto auf vier Wechsel fahrad ond agebat wia a Rossboll auf dr Autobah. Also viel Gschroi om nix machat.

Alles paletti – viele bancarotti.

Du verstehn? Noi i deutsch!

nonsense – *<nonsens>*

Blödsinn, Unsinn.

Nonsens isch zom Beischpiel, wenn en dr Zeitong oder em Fernseha so viel ausländisch gschrieba ond gschwätzt wird, daß es d'Normalbürger nemme verschtandat.

Fisch ond Schpatza?
..bisch noh' ganz bacha!!
HEUTE:
MAHLZEIT!!

off limits – *<off limits>*

Außerhalb des Erlaubten bzw. der Grenzen.

Bekannt worra isch där Ausdruck nach'am Kriag en de 50er Johr, wo onsre Befreier aus de USA sich so aufgführt hent, daß viele Wirt „off limits" an ihre Düra na gschrieba hent.

Dia Kerle send henter onsre „Fraulein" hergwä, wia a Gas henter ma Äpfelbutza. Heit isch so ebbes nemme möglich. 'S gibt nämlich gar koine Fräulein meh. Dia kommat jetzt glei als Fraua auf d'Welt.

„Schließlich kommat ihr au als Männer auf d'Welt ond ned als ‚Männlein'" hot des Fräulein zua mir gsait.

◇ **out** – *<aut>*

aus, vorbei.

Manche moinat jo, onsre Spätzle seiat „aut". Von wegen! Dia gibt's scho länger als Spaghetti, dia hot jo dr Marco Polo erscht em 12. Johrhondert nach Italien brocht. Ond mit denne kasch jo älles aschtella.

Sogar Fisch wird drzuagessa ond Muschla.

A rechter Schwob ißt sein Fisch emmer mit Kartoffel – nia mit Spätzla.

A bißle Kultur muaß doch sei. Oder?

JESSAS!!

◊ **outfit** – *<autfit>*

Aufmachung.

So a richtig kähls „Autfitt" isch zom Beischpiel, wenn so a „schteiler Zah" zu „hotpens" em Sommer lange Schtiefel azieht. Drzua ghört a Kriegsbemalong „Dont't worry, be happy", dia jeden Indianer en d'Flucht schlaga däd. Oifach so richtig „kähl", wia de jonge Leit heit sagat.

outsider – *<autsaider>*

Außenseiter.

Om's kurz zom macha: a Autsaider isch oiner, där s' Schwäbisch emmer no ohne amerikanischa Slang schwätzt, där emmer no zum Flur „Soutera", zom Sofa „Schäslo", zom Geldbeitel „Portmonee" oder zom Gehweg „Trottoar" sait.

Viele Lompa gäbat au' an Teppich!!

P

◇ **patchwork** – *<pätschwörk>*

Flickwerk.

Nach 'am Kriag send oft ganze Familia zama ghockt ond hent mit'ra Scher de alte Klamotta, agfanga bei de löchrige Socka, zwanzgmol gflickte Schtrömpf, alte von de Motta vrfressane Hochzeitskloider ond andra Gruscht en langa oin bis fenf Zentimeter broide Schtroifa gchnitta, dia ma drauf zu Bobbel zamma grollt hot. En Handwebereia hot ma do dann Flecklesteppich hergschtellt. Onder „Pätschwörk" verschtoht ma viereckige, zamagnähte Stoffreschtla, dia als Bettdecka beliebt send.

Also, a Art Flecklesteppich auf amerikanisch.

petting – *<petting>*

Petting hoißt ma auf schwäbisch schmusa.

Des isch des, wo ma älles do derf, bloß des oine ned. Des isch deswega so, damit dia Mädla am Hochzeitsdag weiß azoga en d'Kirch ganga könnat. Bloß dia arme Kerle müaßat emmer em schwarza Azügle erscheina. Drbei got's doch drnoch erscht richtig los.

Warom also so traurig?

Hilf'mr doch!!
..von wäga!..
beppo's ®

◇ **pokerface** – *<pokerfeiß>*

undurchdringliche Miene.

Solche Kerle trifft ma oft beim Kartaschpiel, wo's om Geld got.

Heit secht mr drzua „Zogga".

Ond om de andre zom bluffa, machet se no Gsichter na, wia dia Gschtalta vom Wachsfigurakabinett dr Madame „Tousseau" en London. Au mancher Pfarrer hot so a Gsicht auf. Bsonders, wenn'r sait: „Liebet eure Feinde, wie euch selbst" – oder so ähnlich. Aber a Chrischt sott's scho sei.

product placement – *<prodakt pleisment>*

Am beschta übersetzt ma des als „Schleichwerbong."

Wenn dr J. A. Juing aus Texas mit soma neua Mercedes ens Geschäft fährt, isch des natirlich a Bombareklame für dia Daimlerleit.

Ond des läßt sich dia Filmgesellschaft au guat zahla. Schtellat se sich amol vor, onser J. A. dädd omsteiga ond s'Rad nemma, noch dem alta bayrische Song: „I ben mit 'am Radl do!"

Hend se scho amol beobachtet, wia schnell onsre Schirennfahrer ihre Schi honta hend ond se en d'Kamera haltet?

I glaub, des trainierat dia extra.

Am beschta wär's, ma dädd denne an dritta Schi auf's Kreuz benda, no könndat se auf am Arsch weiterfahra ond de andre zwoi zom Filma en d'Luft schtrecka.

s'Schreiba isch leichter!
ZWIEBEL, SCHPATZA, QUARK, ALLAS FIAR A' MARK!
RA-LA-Fi-DI-DI
2
WO ICH BIN IST VORN!

P

◇ **promotion** – *<promauschen>*

Förderung.

Em Schport brauchat se an „pomotor", also an Förderer oder Wohltäter, wia se gern sagat. Där schponsrat se dann, des hoißt, er schuckt a bißle, oder au meh, Geld rüber, damit's wieder aufwärts got. Kenna duat ma solche Förderer bsonders beim Fuaßball.

Wenn zom Beischpiel so a Schponsor a Fabrikle hot, des a bißle a schlechts Gschmäckle kriagt hot, weil se ihr Dreckwasser en onsre Bächla gloitet hent, no zoigat dia sich gern großzügig, om so des Gschmäckle los zom werra.

R

recycling – *<rissaikling>*

Wiederverwertung.

Des isch bestimmt a Erfendong voma ausgwanderta Schwob. Denn koi andrs Volk isch so sparsam wia mir Schwoba. Wia hoißt doch där alte Wahlspruch em Ländle?

„Jo nix vrkomma lau."

So sen sicher au onsre Maultascha entschtanda. Wo ka ma denn scho dia Küchareschtla besser verschtecka, als en onsre so hoiß gliebte „Herrgottsbscheißerla".

MIEF-
MUFFEL
...derfsch
blooß koi'
Depp sei'!
bernd's®

R

◊ **rush hour** – *<rasch auer>*

Hauptverkehrszeit.

Des isch so om 4're rom, ganz gnau gsait om dreiviertl viere, also om „Viertel vor vier". Klar?

Do schprengat älle wia auf Kommando zu ihre Auto ond versuachat loszomrasa. Aber s'got bloß bis zur näkschta Ampel. Do schtandat scho andre Schlaumaier ond wartet auf dia „freie Fahrt für freie Bürger".

Wia hot doch där Chines erscht gsait: „Auto liegt bei uns noch in den Windeln, Fahlad fahlen viel gesindel."

S

safe – *<säf>*

Geldschrank, Tresor.

Des hot lang daurat, bis des bei ons hoimisch worra isch. Wenn au dia Schwoba fir ihr Schparsamkeit weltbekannt send, dent se ihre Kreuzer ond Silberleng liabr en ihram Schparschtrompf verschtecka. Erscht wia dia Banka verschprocha hent, daß se an Zens zahlat, hot sich dr oi oder andre entschlossa, amol an Doil dr Bank zom geba, weil „denne Halsabschneider kama ed traue", hot's lang ghoißa.

..i gang mol gschwend zom Väschpra!
SCHNIPP

◇ **science fiction** – *<seiens fiktschen>*

Zukunftsvision.

Also i han erscht kürzlich so an Seinsfiktschenroman glesa. Super, omwerfend! Do moinsch grad, de spennschd. D'Menscha send älle bloß no an Meter sechzig groß, nemme schtreitsüchtig, lernat em Schlofa ond sen freundlich, daß grad schö isch.

Ond des älles hend mr denne Wissaschaftler ond ihrer Genforschung zom verdanka.

Ond leba dent se wia d'Vögel em Hanfsama. D'Erdbeer send so groß wia Kürbis, ond 'Säu riesig wia d'Elefanta. Wohna dent se en luftdicht abgschlossane Glascontainer als Selbstversorger. Do will doch koiner meh naus auf d'Gaß? Oder?

Dia werrat nochher au sage: „Mensch, des send halt no Zeita gwä, wo ma no selber gmooschtat ond Spätzla vom Brett gschärrat hot – Scheißcomputer! Nix derf ma me selber macha."

rrrrrrrrr

S

◇ **shake** – *<scheik>*

schütteln.

Er schüttelt sich, er rüttelt sich, er wirft den „shaker" hinter sich...
Des kennt a Barkeeper sei, der grad an K.O.-Coktail zamascheikt.
Aber vor's soweit isch, werrat älle Gäscht mit Handschlag begriaßt.
Des onötige Gsellschaftschpiel hoißt en manche Krois „Scheik Händs".

shop – *<schop>*

Geschäft, Laden.

Dia Leit, wo's hent oder wenigschtens so dent, fahrad zom Beischpiel nach München zom Schopping, ens Schoppingcenter, wo se als Shopper gern gsäh sent.

Wenn ma no vom Romlaufa ganz he isch, got ma en an Coffee-Schop, damit ma no Kraft hot, da Sex-Schop zom bsuacha.

Schopsnaus, Schopsnai, denn „Schoppingtime is every day!"

Koi' Angscht,
KERLE!
No 1
LOLITA
ZITTER
BiBBER
bernd's®

S

◇ **showbuisness** – *<schaubisnis>*

Schaugeschäft.

An Kirbe hot bei ons emmer so a kloiner Zirkus gaschtiert. Ond om d'Leit azomlocka, hent se emmer a Riesagschroi vrführt.

Wia zom Beischpiel:
„Kommat se näher, kommat se ran, mir zoiget eich heit d'Lolita, das Riesenweib mit am verschiebbara Onderleib." Manchmal hot's au ghoißa, „dia Dame ohne Onderleib."

Zom Schluß hent se no gschria:
„'S koschtet koine sechzig, koine fuffzig, koine vierzig, koine dreißig, koine zwanzig, bloß zehn Pfennig heit, ond wer net mit 'am Kopf reikommt, kommt mit 'am Arsch rei."

Des han' e freilich nia gsäh. Mir Kender hent jo au nia do neiderfa. Als Troscht hemm'r drfier a Päckle Bäradreck kriagt.

slogan – *<slogän>*

Schlagwort.

Noch am Kriag hot jo s'alte Zuigs koin Wert meh khet. Do hot ma erscht amol aschtändig entrempelt. Onsran Magafahrplan hot ma au gwaltig durch d'Mangel dreht. So send plötzlich d'Floischküchla „out" gwä, drfir Hamburger „inn".
Hauptsach älles schmeckt noch Ketschup.

Hent doch do erscht ema Lokal oine zua Maultäschla dui „Tomaten-universaltunke" bschtellt. Mir hot's doch fascht ...! Richtig weh do hot's mr.

Mit am Mooscht isch's jo au so ganga. Den hot ma bloß no hälenga em Keller tronka. Aber där Slogän „em Mooscht isch Troscht" hot an wieder hoffähig gmacht.

..meine Brotwiischt
send 8.'fährlicher!

GROSSE KROKODIL-SHOW

CAUTION

DANGE

◇ **sightseeing** – *<saitsieing>*

Besichtigung.

Wia e en Florida gwä ben, han e au so a sea-saitsieing-tour gmacht. I ben no mit ma Boot voll Tourischta en de Evergleids romgfahra, aber meh am Meer, also meh an dr „seaside", you anderständ me, hä?

Auf jeda Fall ben i auf dia Haufa Krokodil gschpannt gwä, dia do auf dr Lauer liega sollat.

Aber nix isch los gwä, wenn's au do wemmla soll, wia dia ons vrzählt hent. Wahrscheinlich hent dia grad älle frei ghet. Sauer ben e no scho a bißle gwä. Wia e no gfrogt han, ob des dr Rheinfall von Schaffhausa gwä sei, hot auf oimol s'ganz Schiff zom Lacha agfanga.

Lauter Schtuagerter auf Bildongsreise. Sacha kasch do verleba, do fraisch de auf Krokodil ond fendescht lauter Schtuagerter Früchtla auf Weltreise.

Aber schö isch's doch gwä.

..So-Soweit Semmer also Scho'!!
DRIVE-IN-
GOTTESDIENST

◊ **skyline** – *<skailein>*

Himmelslinie, Stadtsilhouette.

Wenn de amol des Glück hosch ond mit am Schiff nach New York neifärsch, vrbei an dr Freiheitsschtatue, onder dr Manhattenbridge durch, no kasch dia skailein von New York City gnau betrachta. Fei scho gwaltig, dia Silhouette von denne Wolkakratzer. Dia skailein vom Ulmer Menschter isch allerdings zuabaut. Denn dia Rotsherra von Ulm send auf dia glorreicha Idee komma, vors Menschter a odeffinierbares Gebilde nazombaua, des de meischte Ulmer gar ned wellat.

Entworfa hot des Ganze nebabei gsait a Mischter Meier aus New York. Ond was hot ma jetzt? Oi Komödie noch dr andra ond erscht koi Markthalle.

single – *<singel>*

Junggeselle bzw. Junggesellin.

Do hot's viel so Kerle drbei, dene gfällt's so guat bei dr Mama drhoim, daß se sich net oms Verrecka von ihre Pämpers trenna kennat.

Die „faula Schtenker" brengsch net henterm Ofa verre, gschweige vor da Traualtar. Aber auf Dauer schafft des koiner.

Denn: „Hier ein Schnäppchen, da ein Schnäppchen, eines Tages doch ein Pärchen."

Gega d'Natur bisch oifach machtlos.

SCHLUCK
SUN&FUN!!
VINEA
PLAYBOY
SCHWITZEL

S

smart – *<smart>*

Smart hoißt schlau, gerissen, gewandt.

So „smarty boys" send früher dia Fuhrleut gwä, dia über d'Alb gfahra send, om ihran Neckarwei en Ulm zom verkaufa.

En denner guata, alta Zeit hent no viel Wirt ihran Wei mit Moscht verdennt. Do hent doch so Schpitzbuaba am Schluß en ihran Wei a Apfelkernle neigschmissa ond behauptet, em Wei sei Moscht drenn gwä, ond sich so vorm Zahla druckt.

Aus där Zeit stammt au no där Ausdruck: „Breng mr liabr glei an Mooscht, no woiß e wenigschtens, daß koi Wei dren isch."

Proscht!

◊ **smog** – *<smoog>*

Schmutziger Nebel.

Do lasse jetzt amol so richtig d'Luft ab. Weil was mir hent, isch jo koi Luft meh. Wenn e mei gschondens Hirn lufta will ond 's Fenschter aufmach, no schtenkt's nochher em Zemmer no schlemmer wia drvor.

Ned, daß se d'Wälder, d'Wiesa ond onser Grondwasser vergiftat, noi jetzt blosad se au no onsern Wohlstandsmüll en d'Luft, dia Naturschender, dia overschämte.

Do kasch bloß no sage: „Herr vergib ihnen, denn sie wissen nicht, was sie tun!"

Manchmol glaub e allerdengs, vor lauter Smog sieht där gar nemme, was bei ons do honta los isch.

...machat no' weiter so !!!

S

snack – *<snäk>*

Kleine Mahlzeit.

En denne Snäkbars do gibt's so Sacha wia Hawaiitoscht oder Fisch ond Chips, halt viel so ausländischs Zeigs, wo guat klengt, fascht satt macht ond moischtens viel koschtet. Mit „saure Kartoffelrädle" ond „Lensa mit Spätzla" kasch vielleicht no ma Schwob imponiera, aber nemme onsre omprogrammierte „Highlights".

◇ **sound** – *<saund>*

Laut, Ton, Klang.

Wenn se ned wissad, was des isch, no müassat se amol en a Disco ganga. Drbei isch zom empfehla, a Schallschutzgerät aufzomsetza, weil där Sound so gwaltig isch, daß des omhaut.

Hent se scho amol „Modernjazz" ghört? Der Sound duat so ähnlich, wia wenn a Gois auf Trommel scheißt ond d'Schtuagerter Stroßabah scharf om da Ranke fährt.

CHAMP
ZISCH
ZING
BOMM
HÄMMER

◇ **spleen** - *<schplien>*

Tick, Marotte.

Mei Onkel hot zom Beischpiel so an Schplien khet. Där war Bahhofsvorsteher en Enslenga, ond om sei magers Gehalt halt a bißle aufzombessra, hot'r en seim Gärtle a Dutzend „Rotaländer" ghalta. Sei Hennaschar isch sei oi ond älles gwä.

Jedes Tierle hot an Nama khet, ond se send von ehm jeda Morga persönlich begrüßt worra. En dr Küche von meiner Tante isch a Kalender ghangat, wo jeda Henn äll Dag extra aufgführt worra isch. So hot mei Onkel ganz gnau gwißt, welches Oi von welcher Henn gwä isch. Oimol hent am d'Soldata, dia do Kriagszuig verlada hent, bös mitgschpielt. Dia hent seine hochheilige Henna mit Schnaps tränktem Brot gfuatret, daß se drnoch wia tot em Höfle gschtrackat send.

Noch dem Vers:

„Em Höfle em Eggale
do leit a klois Bröggale
vom Goggel seim Weggale" usw. ...

Mei Onkel isch außer sich gwä. Oiner von denne Kerle hot no gsait, dui Kranket kenn er. Wenn'r a Henn kriega dääd, dääd'r se kuriera. Mei Onkel dürft aber de näkschte sechs Schtond nemme komma, er müaßt drbei alloi sei.

Wia no mei Onkel wieder komma isch, send seine Liebleng älle wieder luschtig ond fidel omanandergschpronga, ond där Soldat hot sei Henn ghet.

Där Saubua, där agschlagne, em Hals sott am se schtecka bleiba, het mei Onkel gsait, wenn'r älles gwißt het.

i-i-iiih!!
TSCHU-TSCHU
DEITSCHE BONN-DES BAHN
bernd's ®

◇ **standards** – *<schtandarts>*

Des hoißt soviel wia d'Norm.

So hot a normaler Wessi heit en seiner Kiche an elektrische Ofa, a Schpüalmasche, an Toschter, a Kaffeemasche, an Mikro, a Mixgerät, an Grill, a Rüahrgerät, an Oirkocher, an Gfrier- ond Kühlschrank, a Wäschmasche, an Trockner, an Computer ond a Telefo, damit'r beim Italiener Pizza bschtella ka.

standing – *<schtänding>*

Stand, Ansehen, Rang.

Wenn oiner en seiner Firma an schwera Schtand hot, no hoißt des heit, er häb a „schweres Schtänding". Merkat se da Onderschied?

Auf jeda Fall schreibt ma's anderscht. Des isch doch emmerhe scho a Fortschritt.

Wia wöllat se sonscht wissa, was „standing ovation" – ausgschprocha „schtänding oweischen" – isch? Des isch nämlich a „schtehende Ovation", also, wenn se applaudierat ond drbei naschtandat.

S'got halt nix über a guats „Schtänding", gell?

A BIZZLE PIZZE!!
PIZZA X-BRÄSS
OIER-OIER

S

◊ **statement** - *<schteitment>*

Aussage, Kommentar.

Ein immer wiederkehrendes Schteitment vor dr Wahl war:

- Steuererhöhungen machen keinen Sinn ...
- Wir reden vor der Wahl nicht anders als nach der Wahl ...
- Wir wollen keine Steuererhöhung, die Gift für die Konjunktur wäre ... etc.

Aber kaum isch d'Wahl vrbei gwä, scho isch's losganga mit där Schteuerlüge.

Dia hent ons ganz sche eigsoift, ha?

Do war halt onser „Clewerle" a andrer Kerle. Där isch wega so 'ra Reiselappalie glei zriggtreta. So isch's halt, ohne „Tarnen und Täuschen" kommsch heit nemme weiter.

„stop and go" - *<schtop änd gou>*

Des ghört heit wia „park and ride", „drive-in", „car-port", „stop-over" oifach zom Lehrfach jeder Autofahrschul. Isch's net so?

Also, wär net Englisch ka, hot auf de deutsche Schtroßa oifach nix meh zom Suacha. Des isch ja langsam allgemeingefährlich mit denne deutschsprachige Ausländer.

Let's go now, time is money (Auf geht's, Zeit isch Geld), hot sell Bauer zu seiner Turbokuah gsait ond se an sei High-täk-Milchsaugmasche naghängt. S'isch nemme des, däd mei Oma saga.

TRAMP
TRAMP
VERKEHRS-
MINISTER
WILL NACH
BONN!!
HUSSA

◇ **story** – *<stori>*

Geschichte.

Wissat se, wia i zom Schreiba komma ben?

Ganz oifach. Irgendwann amol ben 'e en dr Wirtschaft gsessa ond han auf mei Essa gwartet. Weil des emmer so dauert, hanne halt en so'ra Illuschtrierta blättrat.

Ond was seh e do, en 'ra Riesaazoig isch do onder anderem gschtanda: „Rahmbrota mit Spätzla".

Aber mi laust dr Aff, schtatt Schpätzla hent dia do Nudla abbildat. Do isch mr doch dr Gaul durch. Bua, denne hanne vielleicht an Briaf gschrieba.

Auf jeda Fall muaß där eigschla han wia a Bomb. Dia hent doch tatsächlich sofort dui Azoig gschtoppt ond sich tausendmol entschuldigt.

Do han e vielleicht ebbes agrichtat. Aber was dia au mit onsre Spätzla aschtellat, got auf koi Kuahhaut meh. Se hent mr als kloina Wiederguatmachong a Kochbuach gschickt, wo onder anderem au a „Gaisburger Marsch" dren gschtanda isch. Ond jetzt kommt's: Den hent se mit „Kartoffelschnitz ond Nudla" serviert.

Dia hent mr langsam scho loid do, dia Nordlichter. Auf des na ben 'e en mei Buachhandlong ond han a Buach iber Spätzla kaufa wella, om's dene zom schicka. Aber do war nix . No hot's bei mir gschnacklat.

Fuffzeah Monat schpäter hot mei „Schwäbische Spätzlesküche" s'Licht dr Welt erblickt.

So isch a richtiga „Spätzles-Story" draus entschtanda.

d'ár Hadfa rendiert sich
bernd's®

◇ **stuntman** – *<schtantmän>*

Sensationsdarsteller.

Wenn so a Filmschauspielr ema brennenda Auto über d'Rocky Mountains sprenga oder mit so ma wilda Grizzlybär kämpfa sodd, ond scho vorher d'Hosa voll hot, no hollat ma an „Schtantmän", der dui Drecksarbeit erledigt. Friher hent dia „Double" ghoißa, kommt aus am Französischa ond wird gsprocha wia „Duubel", ähnlich onserm „Dubbel".

superstar – *<superschtar>*

Der gröschte Schtar.

Do muaß 'e ehne an gladda Witz vrzähla, der drzua paßt. Ond zwar schtreitat drei Buaba, wer wohl da agsehantschta Onkel hot.

Dr erschte secht, er häb an Onkel, där sei Pfarrer, ond älle Leit sagat zu'am „Hochwürden".

Dr zwoite secht: „Meiner isch Bischoff, ond älle sagat ‚Eminenz'."

Do secht dr dritte: „Ond i han an Onkel, där wiegt dreiahalb Zentner, ond wenn der spaziera lauft, drehat sich d'Leit om ond sagat: „Du liabr Gott."

Mei' Schdandmännle,
..hi-hi...
HUI
ZOCK
berndis®

S

◇ **styling** – *<schtailing>*

Formgebung.

So Schickimikiweibla fahrad jo bis noch München, ganz gschtopfte fliagat glei noch „Milano" zur ihrem „Kleiderberater", om sich neu „schtaila" zom lassa.

Wenn dia zriggkommat, kennsch se nemme. No sehat se aus wia so „Retortababies"; also oifach wia neue Menscha.

D'Frisur sieht aus wia zamadätschde Schnittlauchlocka, d'Auga send plötzlich grau statt braun, an de Ohra hangt dr neueschte Schrei von Karl Mey, en dr Nas schteckt a neuer Nasaclip mit Ablauf, ond om da Hals hangt a Kette aus lauter vergoldete Apfelkernla, damit au gwiß oiner abeißt.

Nach dem Motto: „Weniger isch meh" trecht ma da Busa „a nạtur"; drübr hängt dann a Blüsle so denn, daß au a Blender ned z'kurz kommt.

Zamaghalta wird des älles von ma broita Gürtel, der sich beim gnaua Nagucka als Minirock entpuppt, ond daß dr Wend net so arg durchpfeift, hot se drondert so an Blosawärmer à la „Lederschtrompf" a.

Ond weil's em Sommer emmer so kalt bei ons isch, trecht des Mäusle drzua Fuaßwärmer Marke „Alaskakid" bis nauf zua de Knia. Drzua isch se agmolt wia Winnetou auf am Kriagspfad, ond ihr „Schmecke" stellt sämtliche Düfte des Orients en da Schadda.

Des isch dr neue „Schtail", där macht oin oifach affengail.

BUSSi, HASiii!!
Deroo's®

Szene-Kids

Szene-Kids – des send so halbwüchsige Kender, dia em Putzfraua-Look auftredat ond moinat, des sei a Gag. Andre laufat wieder rom wia Yul Brunner, weil onder denner ihrer Birn eh nix meh eigfrira ka. Dann gibts do no dia „Streetboll-Kids", des isch de neischt Erfendong der Schprochverhondser von onserm Dagblättle.

Des isch de neischde Form von Basketball. Do paßt des „Zebra" auf, daß dr „Apple" richtig gschmissa wird. Aber des isch völlig wurscht, denn älle Deutsche leiden angeblich onder „White Man's Desease", was des au hoißa mag.

Leit, lernat Englisch, sonscht muasch no so a Obergscheitle eischtella, dia dr des Kauderwelsch verkasemaduggelt.

Jedam Tierle sei' Bläsierle !!
GAL PPEL

T

◊ **ticket** – *<ticket>*

A Ticket isch a Fahrschein, Flug- oder Eintrittskarte.

Wia sich doch dia Zeita ändrat. Vor gar ned so langer Zeit hätt ma do no ganz andersch gsait.

Denkat se bloß an des Liadle:

„Auf dr schwäbscha Eisabahna,
wollt amol a Bäuerle fahra,
got an Schalter, lupft da Huat,
a „Billetle", send's so guat.
Trula, trula trulala ..."

Domols isch halt Französisch „inn" gwä.

Heid däd des hoißa:
A „Ticketle", send so guat ...
Vielleicht sengat mr en zwanzg Johr auf Italienisch.

Kulinarisch werrat mr jo scho eigschtemmt. Wia hoißt's doch:
Spaghetti send oifach paletti!

GRUMBEL
GLUGS
SCHIRI
NIMM' REICHLICH!
bernd's ©

◇ **timing** – *<teiming>*

Zeitberechnung, Zeiteinteilung.

Also mr hent jo bei ons a ganz bsonders Teiming. Wenn de oine sagat: I komm um sechzehn Uhr fünfzehn, no sagat mir om Viertel nach Viera. Sechzehn Uhr zwanzig hoißt bei ons zwanzg noch Viera.

Oder: Wir treffen uns um zwölf Uhr, no treffat mir ons z'Middag.

Wenn zom Beischpiel oiner zwischa Zwölfe ond Middag schafft, isch do a Faulenzer gmoint.

Wenn oiner auf am Land sait: „I komm no am Zeischdigobed so noch am Melka", no moint'r: Er kommt am Dienstagabend so um 19 Uhr herum.

Obwohl dia Maschena ons d'Arbet abnemma soddat, hot ma heit jo no weniger Zeit wia friher. Deswega hot au de nei Computergeneration Armbanduhra mit ma'Wecker omgschnallt, der zua de omöglichschte Zeita piept. Auf jeda Fall isch so a high-tech-freak beschtens geteimt. So woiß där emmer ganz genau, wenn'r zom „Bamba" muaß.

Denn beim erschta Pfiff muaß'r schnell zom Morgaschiß.

isch was?
...n-noi,
nix isch's!
bernd's®

top – *<top>*

Des isch oifach s'Höchschte, also s'Beschde was mr hent. So schwätzt ma jo oft von Topmanager, selta drgega von Top-Politiker. Gell?

Dia hent's ja au sauschwer. Wia se au onser Geld ausgebat, se machat's falsch. Schenkat ses de Israeli, schempft ma, schenkat ses de Ami, wird gmekert, schenkat ses de Ägypter oder de Syrer, mault ma rom. Dia kennat's doch geba, wem se wellat, no machat se's falsch. Drbei send dia echt „top" em Geldverschenka.

Emmerhin send mr beim Golfkriag als d'Erfender dr „Scheckbuchdiplomatie" en d'Geschichte eiganga.

Isch doch au was wert, oder?

◇ **trick** – *<trick>*

Kniff, Kunststück, List.

Trick kennt ma au manchmol als „Bschiß" übersetza.

Do gibt's jo hochschtenkkomfortable Lokale, wo ma am liabschda beim Zahla saga dád: „Also s'Lokal will e jo ned grad kaufa."

En so ma Drei-Sterne-Lokal ka dr's passiera, daß de wieder hongrig hoim gosch. Do ißt ma hauptsächlich mit de Auga – s'Maul bleibt oim sauber. Aber do got ma au ned zom Essa na!

Sehen und gesehen werden isch do wichtig.

..Schwächelsch ab, oder wia..

T

◇ **trekking** – *<träkking>*

Wandern.

Nochdem se johrelang mit so Gebirgsmuli en Nepal romgritta send, isch ma draufkomma, ma kennt au wieder wandra. Wahrscheinlich hot manche von dene „Hemmelsschtürmer“ am Obend so s'Fiedla weh do, daß se liabr wieder gloffa send. Wia gsagt: Des Trekking hot nix mit ma Träkker zom do. Laufa isch wieder „in“.

trendsetter – *<trendsetter>*

Vorkämpfer, Pionier.

Typische Trendsetter em Schnell-Essa send d'Ami. Weil do jo Zeit Geld isch, essat dia mittags kaum no richtig. Do kurvt ma kurz en a Drive-in-Lokal ond schlengt am Schalter so a Fascht-food-Quicklunchpaket en sich nei.

S'isch bloß no a Frage dr Zeit, bis ma an Fascht-food-Tankstella fährt, wo aus lauter Schleich verschiedene Hamburger neischlaucha kasch.

Nach dem Motto: Schnell eini – schnell aussi – Geld spara mit Fascht-food-Schlauchi.

Y

youngster – *<jangschter>*

Kind, Jugendlicher, Grünschnabel.

Für dia jonge Leit gibt's jetzt extra „young fashion shops“ (jang fäschen schops), speziell für young ladies (jang leidies), aber au für boys ond was woiß i ned für älle. Näkschtens gibt's dann sicher au Gruftischops.

KOI' ZEIT!!
TIMES
NEVER COME BACK AIR-LINES
WUSEL
WIESEL

Nachlese

Bad News are good News, also schlechte Nochrichta send guade Nochrichta, moinat dia von dr Presse. Drbei hangad oim dia Kataschtropha langsam zom Hals raus.

Ond last not least, dia „News" em Fernseher. Do isch koi Hoar besser. Dr Herr Rühe schpricht von „rules of engagement" in Bosnien und dr Herr Verheugen ziaht glei noch ond betitelt des ganze als „peace-keeping". Do kennt sich jo koi Sau me aus. Zom Schluß dann noch „German to the front", live in Großaufnahme beim Einmarsch in ihr Camp. Daddy mit Handy macht noch schnell ein Call nach Old Germany, griaßt sei Family, seine Kids, d'Mitz ond sein Schpitz ond aus em Radio tönt drzua „Strangers in the Night".

Do gibt's bloß ois, do müaß mr durch, also „Kopf hoch, wenn dr Hals au dreckig isch". Ond emmer schö fröhlich bleiba, nach dem alta Song „Don't worry, be happy".

Good-bye – euer Sieger Ruoß

Die Mehltruhe war jahrhundertelang das Herzstück jeder Küche.
In „Flädla, Knöpfla, Bubaspitzla“ finden Sie auf 176 Seiten eine Fülle schwäbischer Köstlichkeiten.
Format: 17×20 cm
ISBN 3-924292-02-7

Die „Schwäbische Spätzlesküche“ hat sich langsam aber sicher in die Liste der Schwäbischen Bestseller etabliert. Zu der 20. Auflage wurde sie gründlich überarbeitet und um 12 neue Rezepte erweitert. Auf den 143, originell illustrierten Seiten werden Sie auch ausführlich über die Geschichte der Spätzle, sowie dem Dinkel, des Schwaben Urgetreide, informiert.
Format: 17× 20cm
ISBN: 3-924292-00-0

Auf 170 Seiten berichten wir von der Tradition der Hausbäckerei, die sich bis heute in den Backhäusern erhalten hat. 80 neue und alte Rezepte, Anekdoten und Geschichten, erzählen vom Brauchtum rund ums Backhaus. Durchgehend originell illustriert.
Format: 17× 20cm
ISBN: 3-924292-18-3

Die Maultaschen, ob in der Brühe, geschmälzt, überbacken oder mit verschiedenen Füllungen haben sich neben den Spätzle zur Lieblingsspeise der Schwaben entwickelt.
34 Rezepte und lustige Anekdoten und Geschichten rund um die Maultaschen finden Sie in dem originell illustrierten Kochbuch.
96 Seiten - handgeschrieben.
Format: 12×18 cm
ISBN 3-924292-19-1

Nach dem Motto: „Wia isch doch's veschbra sche, wia muaß erscht's Schaffa sei“, haben wir uns mal im Ländle umgesehen was da doch für deftige, hausgemachte Vesper auf den Tisch kommen. Von Teller- und Knöchlessulz, agmachter Backstoikäs, Lompasupp bis hin zum Katzagschroi ist alles vertreten was satt macht.
96 Seiten - illustriert und handgeschrieben.
Format: 12×18 cm
ISBN 3-924292-21-3

Nach der Fastfood- und Dosenfutterwelle, feiert nun der Salat, angemacht mit frischen Kräutern, wieder ein Comeback. Salate in neuen und alten Kreationen kommen immer öfter auf den Tisch. Besonders interessant sind die Rezepturen aus Großmutters Bauerngarten.
Auf 96 Seiten erfahren Sie, lustig illustriert, was gesund macht.
Format: 12×18 cm
ISBN 3-924292-20-5

Ein Jahr lang waren wir zu viert unterwegs um erstmals auf der Alb Restaurants, Gasthäuser, Vesperstuben und Cafe's aufzunehmen. Von Bopfingen im Osten bis nach Haigerloch im Westen haben wir für Sie 240 kulinarische Ziele notiert. Im Extrateil finden Sie Schnäppchenjagd auf der Alb und Einkaufstips beim Erzeuger.
Format: 11 × 20 cm
ISBN 3-924292-17-5

Ein originelles Geschenk mit uriglustigen Karikaturen und Versen. Auf jeden Fall ein Kalender, der nicht im Papierkorb landet.
Format: 24 × 63 cm, Papier braun.
Auch mit Werbeeindruck lieferbar.
ISBN 3-924292-15-9

Die „Schwäbische Spätzlesküche", originell in der Spatzenbrettform gebunden, ist ein beliebtes Geschenk auch für Nichtschwaben.

Schellingstraße 10 · D- 89077 Ulm
Tel.0731/37661 · Fax 0731/37662